Angelika Fürthauer

Mutterwitz fürs Vaterland

Lachdenkergedichte

www.bayerverlag.at

Fotos:
Franz Wendl
Visionsfotograf
5310 Mondsee

Gestaltung u. Beratung:
Katrin Preuner-Fürthauer

Der "Kaiser" stammt aus dem k.k. Erlebnisgasthof
Geli Eichhorn, Weyregg am Attersee

ISBN 978-3-902814-83-8

www.bayerverlag.at

© Angelika Fürthauer 2012
info@lachdenker.at

1. Auflage 2012 im BayerVerlag, Wilhering
gedruckt in OÖ bei Haider in Schönau auf chlorfrei gebleichtem Papier

Angelika Fürthauer

Mutterwitz fürs Vaterland
Lachdenkergedichte

BayerVerlag

Wenn einen die
Geli Fürthauer am
Sonntag nachmittag
zum Kaffee einlädt,
mit Eispalatschinken und Bauern-
krapfen, wenn sie dazu selbstgedichtete
Texte vorträgt, und wenn ihr Mann,
der Feldbauer, erzählt, welche Prominenz
schon auf seinem Hof zu Gast war,
dann kann es passieren, dass einem
bei dieser Gelegenheit zufällig ein
Vorwort für ihr neues Buch einfällt.

Gerhard Haderer
25. Juli 2012

Inhaltsverzeichnis

Wurzeln des Glücks	9
Zum Lachn	10, 11
Frau im Spiegel	12
Börserlbericht	13
Nix zum Lachn	14
Nachbar in Not	15
Meine Garten-WG	16, 17, 18
Liebe macht blind	19
Um Längen voraus	20, 21
Bestpreiswoche	22, 23
Frühsportstimmung	24, 25
Tattoo	26, 27
Rauchen kann tödlich sein	28, 29
Hier spielt die Blass-musik	30, 31
Her mit meine Henna	32
Parlamentsdebatte	33
Vorratskauf zum Multiplus	34, 35
Navi – Tante	36, 37
Lederhosenbrevier	38, 39
Öster-Reichensteuer	40, 41
Mein Gott und Heer	42, 43
Küchenschlacht in der Kocharena	44, 45, 46
Speisekarte auf österreichisch	47
Apropos Oper	48
Spare in der Not	49
Klostergeheimnis	50
ORF-Bildungsauftrag	51, 52, 53
Alterdummswert	54

Jugendschutz	55
Heimat großer Töchter	56
Frohkost im Einmachglas	57
Fröhliche Wallfahrt	58, 59
Einkaufssonntag	60, 61
Frühdemenz	62
Auslaufmodell	63
Plaudertaschen	64
Rauchen verbindet	65
Wirtschaftsförderungspreisverdächtig	66
Langes Wochenende	67
Haubengedicht	68, 69
Politische Bildung	70
Schönheits-OP	71, 72, 73
Letzte Hoffnung	74
Unschuldsvermutung	75
Spritzkruagliteraturquelle	76
Ich wünsch dir Flügel …	77
A Handvoll Hoamat	78
Willkommen im Leben	79
A Liadl, dös von Herzen kimmt	80
Weihnachtliches …	
Schau ins Liacht	81
Wunschzettel für zwei	82, 83
Wenn der Himmel ruft	84
Flugreise nach Bethlehem	85, 86, 87
Irdische Erleuchtung	88, 89, 90
Himmels-Chorkonzert	91, 92, 93
Ja Himmel, wia soll denn dös geh?	94

Die Wurzeln des Glücks

Ih werd oft gfragt, wia ih da tua,
dass ih auf meiner Lebensspur
ois, was mih ärgern kunnt, verdräng.

Ih sag dann, dös is a Geschenk,
denn jeder is zum Glück geborn.
Er braucht gar nix anders tuan
als über sich selber lachn
und aus den Feinden Freunde machen.

Zum Lachn

Weil im Alltag bald scho jeder
dreinschaut wia Siebntagregenwetter,
wird uns sogar vom Arzt empfohln,
dass wir viel mehr lachn solln.

Oana, der dös behauptn kann,
schaut nia a Fernsehwerbung an,
denn dort hast jeden Augenblick
dös Gfühl, die Welt versinkt im Glück.

Die Mama vorm Spiagl lacht,
weil´s Magerjoghurt schlanker macht,
der Papa,der an Neuwagn lenkt
lacht, weil sei Bank die Zinsen senkt,
die Hausfrau lacht, sie hat zur buntn
Dreckwäsch d´Reinheitsformel gfundn,
die Witwe lacht im Bett vergnügt,
weil´s Brieflos unterm Polster liegt,
die grossn Plaudertaschn strahln,
weil´s null Euro fürs Redn zahln
und die Seniorn mit Heiratschancen,
die über Blumenwiesen tanzen
lachn sich im Gras halbtot
wer von den beiden Dritte hat.

Tuat sich mit'n lachn jemand schwar,
für den habn's in Amerika
eigne Serien produziert,
wo's Lachn mitgeliefert wird.
Zur Sicherheit und für den Fall,
dass koana lacht, da wo er soll.
Wer so was anschaut, is arm dran,
wann er's selber nimma kann.

Wär doch glacht, dös brauch man net!
Und wanns uns tatsächlich vergeht
und ernst wird, wünscht sich von uns koana –
denn wo net glacht wird, is'zum Woana.

Frau im Spiegel

Ih hab an Spiagl nebn der Tür
der immer frecher wird zu mir.

Geh ih schön an´zogn aus´n Haus,
sagt er: Wia schaust denn du heut aus!
Laß ih mih vom Friseur verwöhna,
sagt er: Du warst a scho schena !
und siagt er mih im Unterhemd
fragt er mih ganz unverschämt
ob ih mih bei der Geisterbahn
schon als Betriebsrat vorgstellt han.

Er is ois andre als charmant
und weil da Frauen gehässig sand
häng ih, was bleibt mir anders über –
über eahm an Fetzn drüber.

Bin ih eahm dann nu zweng sche,
muaß halt i h verschleiert geh.

Börserlbericht

Is mei Briaftaschl scho leer,
ih kauf trotzdem dreimal mehr
und verlier dann sozusagn
die Herrschaft übern Einkaufswagn –
red ih mir ein, die Rechnung zahlt
statt mein Börserl – der Staatshaushalt.

Dann kunnt ih am End vom Jahr
wia d´Finanzministerin toa
wann ma´s zum Budget befragt:

D´Schuldenbremsn hat versagt!

Nix zum Lachen

Für jeds Wehwechen gibt's a Schmier
fürn Hexenschuß, marode Knia,
für d´Haar, dass sie sich besser legn,
fürn Busen, die an größern mögn,
für d´Hühneraugn, wanns ab und zua
nimma Platz haben in dö Schuah,
für echte Zähn, dass besser strahln,
für falsche, dass net obafalln –
nur gegn die Falten, die ih kriag
wann ih mih vor Lachn biag –
will ih keinesfalls a Schmier,
sonst sagn womöglich d´Leut zu mir:

Man siagt ihr´s an und dös is schad –
Sie hat im Leben nix z´lachn ghat.

Nachbar in Not

Mei Nachbar von schräg vis a vis
war immer sofort da, wann ih
gsagt hab, schau vorbei bei mir
auf drei Bummerl und a Bier.

Jetzt braucht er nimma umageh,
spielt statt drei Bummerl mitn PC
und mir bleibt s´Bier, weil er mih dann
auf der Homepage bsuachn kann.

Meine Garten WG

Beneiden mich die Freunde oft,
dass ich die Alleinherrschaft
über meinen Garten hätt´-
sag ich, dös stimmt eigentlich net!
Daß er mir ghört, is a Schmäh,
ich bin nur Gast in a WG

Geduldet. Und auf den Verdacht
hat mih heut fruah da Buntspecht bracht.
Der fangt wia a Zimmermann
im Öpfibam zum hammern an
und macht´n zu sein Hauptquartier,
wo ih glaubt hab, er ghört mir.

Bevor ich an Gehörschadn kriag,
häng ih mir d´Tuchent um und ziag
danebn ins kloane Gartenhaus.
Dort wohnt aber scho d´Fledermaus
und weil ich sie beim Schlafen stör
schiasst´s im Tiefflug auf mih her
und will mih noch unter der Tür
aussaugn wia a Vampir.
Mei Chance zum Schlafn is gleich null
denn sogar im Liegestuhl
am Dreißigmillimeterrasn
schwirrn ma d´Wespn um die Nasn´

zwoa Ameisn, die auf mih stehn
spieln fanga zwischn meine Zehn
und wia da Heuschreck a nu gar
sein Hax ausbeutelt in mein Ohr,
woaß ich im Gartenparadies
dass jetzt Schluß mit lustig

Ich mecht sunst nix als wia mei Ruah,
doch kaum mach ich die Augn zua,
springt a Frosch über mein Bauch,
da Marder zbeißt an Gartenschlauch
und weil der Spatz glaubt, ich bin tot,
stiehlt er mir mei Butterbrot.

Ich sag zwar ganz laut vor mih hin,
dass ICH da der Besitzer bin
der die Grundsteuer bezahlt,
aber an Maulwurf lasst dös kalt.

Er muaß von wem an Hinweis haben,
ih hätt da drin an Schatz vergrabn,
weil er mein Rasen über Nacht
zur wildn Hügellandschaft macht.
Er kunnt, weil händisch, ohne Lärm,
sich bei der Asfinag bewerbn....

Dö spieln sich nimma lang mir.
Weil ich mein Rasen betonier,
an Wintergartn drüberbau
und von drinnen aussischau!
Aber dös stimmt natürlich net.
Denn wann ich mei WG net hätt,
die mih umschwirrt und fliagt ma zua –
pfeif ih auf d´Ruah – ohne Natur!

Liebe macht blind

A Regnwurm, a dicker, fetter
hat nach zigzig Kilometer
unter Tag, wo ollwei Nacht
a spannende Bekanntschaft gmacht.

Er baggert wia a Bergarbeiter
und wia er siagt, daß sich a zweiter
knapp danebn durch d´Erdn schiabt,
hat er sich in eahm verliabt.

In dem Zuastand, wo die Mandln
pflegn mit Weiblein anzubandln,
san sie meist vor Liebe blind
und verwechseln vorn mit hint.

Dös passiert zwar jedn amal,
aber im besagtn Fall
erfahrt leider der arme Wurm:
Ih bin dei anders End, du Surm!

Um Längen voraus

San kloane Buam in frühern Jahrn
mit große Knödel gfuattat wordn,
von frommen Meinungen umgebn –
wer groß is, tuat sich leicht im Leben –
lasst sich in genormten Zeiten
wie wir sie habn, darüber streitn,
denn wer heut net im Durchschnitt is,
wird sehr leicht zum Ärgernis.

Dös fangt scho an beim Hosnkauf.
Da kimmt der Arme nämlich drauf,
es gibt koa Größe „himmellang"
und scho gar net von der Stang.
Da kannst nur auf dein Schneider hoffen
oder a Wasserkatastrophn,
denn wer an Rohrbruch hat im Bad
is froh, wann er a kurze hat.

Wer auf große Männer steht,
teilt mit ihnen s´Doppelbett
und merkt im ersten Rausch des Glücks –
er is zuadeckt, ihr bleibt nix –
kauft, bevor´s die Scheidung wählt
a Tuchent, Größe Zirkuszelt.
Aber die is koa Ersatz,
er hat auch im Bett net Platz

und braucht für a guate Nacht
an Tischler, der's persönlich macht.

Jetzt is' aber höchste Zeit,
über ihre Nützlichkeit
im Alltagsleben zu erfahrn.

Sie kinnan sich a Loata sparn,
schützen uns vor Sonnenbränden
weil sie reichlich Schattn spenden,
bleibn verschont vom Größenwahn
weil sie an Himmel näher san
und findet man sich ab, dass oana
der groß is, mehr isst als a kloana,
is nix gegn Größe einzuwenden.

Man fühlt sich in guten Händen
Und bin ih auch net sehr erbaut,
wann jemand auf mih obaschaut-
noch wichtiger is – er sitzt nia
wann ih ins Kino geh, vor mir!

Bestpreiswoche

Ih woaß net, wo mei Zeit hinkimmt.
Früher hab ih selbst bestimmt
was in mein Alltag wichtig war,
aber seit ih richtig spar,
laß ih mir, dös werds verstehn-
koa Werbeangebot entgehn.

Am Montag vormittag geht's los
die Preisschlacht. Sunst verpaß ih was,
weil da kriag ih als Konsument
beim Baumax minus 10 Prozent
zum großen Wert und kleinen Preis.

Sag ih am Dienstag ausnahmsweis:
heut schiab ih net beim schensten Weda
mei Einkaufswagerl wia a bleda
zwischn die Kunden umanand –
meldt sich der Billa Hausverstand,
dass sei Tiefkühlangebot
nur h e u t satte Rabatte hat.

N u r heut! sagt er. Dös kann ih schaffn.
Er hat bis halbe achte offen,
dös geht sich aus, weil Mittwoch fruah
schlagt der Tiefpreishammer zua.
Maximarktfleischtigertag.

Ih hau a halbe Sau auf d´Waag
und kimmt da Donnerstag, dann renn ih
glei zum Zielpunkt und zum Penny.
Der hat, bevor ois sauer wird,
die Milchprodukte reduziert.

Dann hab ih fast ois dada,
denn am Freitag gibt's beim Spar
s´gesamte Biosortiment
zum Prozente-Wochenend.

Dahoam bin ih so guat wia nia,
drum steht an meiner Eingangstür
als Öffnungszeit der Sonntag nur,
weil da haben die Gschäftn zua.

Frühsportstimmung

Wird in an Evergreen beschrieben,
dass die Welt morgens um sieben
noch voll und ganz in Ordnung ist,
oans steht fest, der Komponist
is, was man an Frühsport nennt –
nie Radl gfahrn und grennt,
weil für dös, was eahm untakimmt,
der Titel überhaupt net stimmt:

A Pensionist, der im Pyjama,
weil´s ihm z´fad is nebn der Mama –
die Flucht ergreift im Ehebett
und um die Kronenzeitung geht.

Weiberl, die aus reiner Pflicht,
s´Morgengrauen nu im Gsicht
mitn Flocki Gassi gehen,
wo man net merkt, wer führt jetzt wen.

A Fischer, der mit der Maschin,
im Rucksack d´Angelruatn drin,
auch den Spott noch hat zum Schadn –
er fahrt nur aus zum Würmer badn.

Und a junger Partyhas,
unfrisiert und leichenblass,
mit zwoa Red Bull im Hosnsack,
der glaubt, er findt den gestrign Tag
zwischn heut und übermorgn.

Und i h mach mir da schon Sorgn,
wann ih an Krampf kriag in die Wadl
oder an Patschn hab im Radl.

Das Tatoo

War es in der Vergangenheit
beim Menschen die Persönlichkeit,
durch die er unverkennbar wird –
was stinknormal is, interessiert
die coole Szene nimmermehr.

Da muaß was Anschauliches her
Und dös gelingt mit an Tatoo.

Mit so an Bildl bist im Nu
a Kunstobjekt, dös man bestaunt
wo du mehr wert bist als dei Gwand.

A Schlang, a Schwert oder a Spinn.
Da schaut natürlich jeder hin,
auch wann ihm koa Dreitagebart
wachst und er koan Porsche fahrt.

Mit so verwegenen Gemälden
steigt jeds Bürscherl auf zum Helden.
Er muaß zwar a bisserl leiden,
aber dafür zu ollen Zeiten
mit Ata waschn, lebenslänglich,
die Malerei bleibt unvergänglich.

Dös hat a die Frau erkannt.
Auch sie tragt statt an Diamant
auf ihrem zartn Schulterblatt
a Kopie aus Stachldraht,
überm Knöchl und am Wadl
Wildn Wein und Efeublattl
und Schmetterlinge aufm Po.
Dös macht an Partner richtig froh
weil er, wanns fad is, dann und wann
wenigstens Bildl anschaun kann.

Mir is a kloans Tattoo viel zweng
und weil ih ollwei praktisch denk,
laß ich mir ois, was wichtig is
und was ich leider scho vergiß –
bevor ih´s ganz verschwitz im Hirn,
auf mei Steißbein tätowiern.

Doch die Idee war net sehr gscheit,
weil nämlich jetzt olle Leut,
die hinter mir nacherennan –
mei Losungswort vom Sparbuach kennen.

Rauchen kann tödlich sein

Hat die EU unserem Land
ohne Grund und Hausverstand
schon öfters a Gesetz beschert,
dös in a Faschingszeitung ghört –
wanns ums Thema Rauchen geht,
beweist sie, daß´koan Gspoass versteht.

Raucher solln wia Terroristen
und wia im Mittelalter d´Christen
verfolgt und abgesondert werdn
und der Tag is nimmer fern-
dann machens Jagd auf Räuchermandln,
Misthaufn und Weihrauchpfandln.

Da hilft koa faule Ausred, wia:
Ih rauch nur zum Kaffee, sonst nia,
im Auto, wann nix weitergeht,
wanns guat glaufn is im Bett
und: Opa hat bis 90 Jahr graucht
und s´ganze Leben koan Doktor braucht!

Wann daher Regierungssprecher
behaupten, Raucher wärn Verbrecher,
glaub ih eahna jedes Wort.
Sie moanan´s ja mit uns nur guat
und drum wunderts mih umso mehr,
dass heut überhaupt nu wer

Zigaretten kaufen geht,
auf dö sei Todesurteil steht:

TABAK VERURSACHT
HERZBESCHWERDEN
LÄSST IHRE HAUT RASCH ÄLTER WERDEN
BESCHLEUNIGT OSTEOPOROSEN
wer´s net gwöhnt is, macht in d´Hosen,
kriagt LUNGENKREBS und gelbe Zähnt,
NIKOTIN MACHT IMPOTENT
und RAUCHEN FÜHRT ZUM SICHEREN TOD

san Tatsachen, weils neulich grad
bei der Beschaffung neuer Tschik
oan zammgführt haben vor der Trafik.

Die restlichen rauchen nu immer.
Hinter Glas, im Nebenzimmer
und an der frischen Luft im Freien.
Aber auch dort kanns tödlich sein,
weil da hat´s letztn Winter grad
beim Wirtshausparkplatz, den der Staat
zur Raucherzone hat erklärt-
im Pelzmantel a paar dafrert.

Hier spielt die Blass-musik

Wann da Somma nimma weit is,
wo´s zum ausziagn höchste Zeit is,
is die größte Sorg der Frau´n,
wia wird ih am schnellsten braun.

Dös hört sich leichter an, wias is.
Man kann sich ja net aufm Spieß
wia a Hendl bratn lassn.
Wohnt man an der Bundesstraßn
und nimmt am Gehsteig Sonnenbäder
im Bikini, schaut a jeder.

Vertraust Selbstbräunern in Flaschn,
schaust aus, als hättst dich lang net gwaschn,
wannst nur mehr Karottn isst
gelb bis hinter d´Ohrn bist,
und gfragt wirst, ob die Vorvorfahrn
von dir vielleicht Chinesn warn,
bring dih net vor Verzweiflung um.

Du kannst es im Solarium
unterm Deckl nu riskiern
daß´d ausschaust wia a dörrte Birn
und trinkst dazua vorm Schlafngeh
a Haferl Bräunungs-Milchkaffee.

Wann gar nix hilft, bleib vornehm blass
und überleg, wem bringt dös was
wannst unterm Rollkragnpullover
nu nahtlos braun bist im Oktober.

Her mit meine Henna

Im Hühnerstall beim Hiaslmann
sitzt a alter Gockelhahn,
lasst d´Flügel hänga ganz verdrossn
und sagt zu seinem Artgenossen:

Ich hab dös Gegacker satt,
morgen gehn wir zwoa in d´Stadt.
Geil, sagt der andere, sofort!
Aber sag, was toan ma dort?

Psst, sagt der Grosse, was ma toan,
derf koana ausser uns erfahrn.

Wir machens wia die richtign Männer.
Wir schaun statt unsre Suppenhenna
im Wienerwald, kragatzt da Hahn,
die nackerten Weiber an.

Parlamentsdebatte

Sie redn durchanand
und aussa kimmt nix,
und dann gebens bekannt
die Beschlüsse san fix.

Vorratskauf mit Multiplus

Hab ih früher vom Wirtschaftsgeld
nur dös kauft, was dem Haushalt fehlt,
wird mir in dö letztn Jahr
mei Speis zur Aufbewahrung z´kloa.

Ih brauch a größere Vorratskammer
und die Hauptschuld hat mei Krama
der sagt, wia günstig olles kimmt,
was man doppelt und dreifach nimmt.

Dös glaub ih eahm scho aus dem Grund,
weil a Kriag ausbrechn kunnt,
wo´s guat is, wannst dahoam was hast.
Is beispielsweis die Tiefkühlkost
mit zehn Packerl im Angebot,
ess ma halt vierzehn Tag Spinat.

Auch beim Spray zum Fensterputzn
muass ih den Mengenvorteil nutzn.
Brauchn werd ih ihn zwar kaum,
weil wir nur zwoa Fenster haum,
aber vielleicht brech ma nu ans aus,
dann hab ih´n wenigstens im Haus.

Drum nutz ih auch den Rabatt
von Katznstreu und Kitekat.
Mei kloana Tigerkater Jimmy

is zwar längst im Katzenhümmi,
aber falls er aufersteht
war´s bled, wann er nix z´fressn hätt.

A großer Vorrat braucht halt Platz,
aber er is net für die Katz,
dafür hab ih an Beweis:
A Dutzend Zahnbürstn zum Preis,
was mih normal oane kost!
Und wannst so was auf Lager hast,
is dös immer a Gewinn!
Wann ih a nächst´s Jahr zahnlos bin.

Anders is´beim Kaffeegenuss.
Will ih nämlich den Multiplus
der Gastro-Packung einabringa –
muaß ih pro Tag drei Liter trinka,
weil sei Aromagarantie
net ewig wartn kann auf mih.

Mei Krama is längst Millionär
und dös wundert mih, denn er
zahlt bei mein Maxivorteilskauf
zum Mengenminipreis ja drauf,
weil ih für ois nur d´Hälfte zahl!
Trotzdem kriag ih jedes Mal
noch den wunderschönen Tag
den er mir wünscht – IM MULTIPACK!

Die Navi – Tante

Hab ih mih in früheren Jahrn
manchmal so hoffnungslos verfahrn
dass ihn net gwißt hab, wo ih bin,
find ih jetzt überall hin.

Na, ih hab koan Kompass und
brauch Gott sei Dank koan Blindenhund,
sondern a Navigation,
und weil die gschaftige Person
ollwei gscheiter is wia ih –
nenn ich mei Navi-Tant Marie.

Die Frau is mir oft net geheuer
denn kaum sitz ih mih ans Steuer
plappert sie schon unverdrossen:

Folgen Sie dem Verlauf der Straßn,
gehen Sie auf Abbiegespur
und wann ih dös net glei tua
sagts: Wenn möglich, bitte wenden!

Dreimal deutlich: Bitte wenden!
ohne zu sagn, wia s´umdrahn geht,
wann mei Wagn im Tunnel steht.

Wann ich net folg, sagt´s Gott sei Dank:
Neue Berechnung ist im Gang
und dös bedeutet immerhin,
dass ih ihr ausgeliefert bin,

weil ih mih sowieso verirr,
wann sie nimma redt mit mir.

Manchmal macht sie sichs sehr leicht.
Sagt: Sie habn Ihr Ziel erreicht,
obwohl ih irgendwo im Dreck
am Güterweg im Schlagloch steck
mit leerem Tank, am falschn Ort
und dort, weil ih ihr folg aufs Wort,
auf dem Umweg, den sie macht –
sagn Fuchs und Hasn guate Nacht.

Ihr fehlt halt selber oft der Plan,
wo man merkt, auch Frauen san
machmal unberechenbar.
So a Navi-Tant hat zwar
viel Erfahrung im Verkehr,
aber – wann ma nachdenkt, wer
mecht mit so was verheirat´sein?
Sie redt beim Fahrn ja ständig drein.

Deshalb verdient´s auch koan Respekt.
Wann ma nämlich überlegt
dass ihr ois, wo mih sie hinjagt,
eh der Satellit einsagt.

Drum pfeif ih auf die Navi-Tant.
Sie hat kein bisserl Hausverstand
und dös mach ih mir nimma mit.
Ih nimm an Burda-Moden-Schnitt,
bick ihn übers Autodach
und fahr meiner Nasn nach

Lederhosenbrevier

Stellt man sich im Alpenland
die Frag, was kunnt dös Lieblingsgwand
von die richtign Männer sein-
fallt mir nur d´Lederhosn ein.

In so a Hosn rührt sich was.
Von jung bis alt, für kloa bis groß
is sie koa gwöhnlichs Kleidungsstück.
Da drinnen spielt nämlich d´Musik
und die Lederne halts aus,
denn sie hat andern was voraus.
Man wachst net draus, denn sie wachst mit
und sie is zum Unterschied,
wann man mit Frau´n Vergleiche ziagt-
erst was wert, wanns Faltn kriagt.

Auch wann net Trachtensonntag is,
an guatn Eindruck und an Riß
machst auf jeden Fall mit ihr
und wer´s net zu kasweiße Knia
und über d´Unterhosn ziagt-
kann sicher sein, daß´sexy wirkt.

Ihr echtes Wahrzeichen jedoch
und Mittelpunkt is immer noch
ihr Türl, kunstvoll dekoriert,
dös durch zwoa Knöpf ins Jenseits führt.
Die derfn keineswegs versagn,

die Verantwortung zu tragn,
sonst is im Führerhauptquartier
plötzlich Tag der offnen Tür!

Sie braucht,dös hat sie stets bewiesen,
koa Fewa und koan Weißen Riesen
sondern sie is selbstreinigend:
wann ma sie mit beide Händ
nach der Speckjausn poliert,
is sie a nu imprägniert.

Drum hat sie auch koa Bügelfalten.
Man kanns zum Schlafn anbehalten,
nimmt´s zum schuahplattln und jagn,
in die Kirchn kann man´s tragn-
selbst wann man mit ihr fensterln geht,
verbirgts diskret, wia d´Lage steht.

Sie halt´an gstandnen Mann die Treue
und lasst auch koan Schuss ins Freie,
ob der Bier- und Radischoas
aus dem Leder von a Goaß
oder an Sechzenender stammt!

Wer sich in der Ledern schamt
soll in der Schlosserhosn renna!
Für echte, erdverbundne Männer
hat und wird sie´s immer gebn.
S i e hat man a ganzes Leben
und sein Träger woaß warum:

A Lederhosn bringst net um!

Öster-Reichensteuer

Weil der arme Vater Staat
an Schuldenberg am Buckl hat
und auch den Nachbarn geht's am Kragn,
dass er sich gar net traut zu fragen,
ob´s ihm a paar Milliarden leichn –
geht er betteln zu den Reichen.

Dös is a brauchbare Idee,
denn an Reichen tuats net weh
der a paar mickrige Prozent -
die ihm abgehn, gar net kennt
statt dass er´s mitnimmt bis ins Grab –
an Staat spendiert als milde Gab.

Wieviel er hergibt, steht ihm frei,
aber der Hakn is dabei:
bis sich d´Regierung einig wird,
wer und wie viel ihr was spendiert,
hat er´s schon im Park vergrabn
oder wird zur Ausred haben,
er hätt bereits dös ganze Geld
gespendet für die Dritte Welt.

D i e Sorge hätt mir grad nu gfehlt,
dass ih net wüßt, wohin mitn Geld.
Trotzdem, dös sag ih nur zu euch:

Bin ih reicher noch als reich.
Ih hab jeden Tag was z´lachn,
kann ihn zu mein schönsten machen
und leb zufrieden und fidel.
Aber wann ih dös wem erzähl
verlangt dann gar – und dös kimmt teuer
der Staat von mir Vergnügungssteuer.

Mein Gott und Heer

Seit wir aus den Medien hörn,
s´Bundesheer soll abgschafft werdn,
rennen besorgte Mütter Sturm,
denn sie habn Angst, dass eahne Buam,
die sich um koan Gehorsam schern,
nie richtige Männer werdn.

A echter Kerl braucht an Drill
wann er koa Weichei bleibn will.

Im Hotel Mama haust der Lümmel
in seiner Bude wia im Himmel,
lasst ois falln, wo er grad steht,
liegt mit die Turnbatscha im Bett
und fragt er: Is koa Essn da?
sagt der Papa schadenfroh
zur Mama: Mach dir koane Sorgn,
beim Militär werdn´s eahm´s scho zoagn!

Drum is die große Frage, wer
nach der Auflösung vom Heer
die aus Ersparnisgründen kimmt,
die Grundausbildung übernimmt.

Und dös is a leichte Frag.
Denn wer bedient ihn Tag für Tag,
tragt dem Lackl olles zua,
wascht und bügelt, putzt ihm d´Schuah
und derf ihm s´Gwand in Kastn rama?
Natürlich – seine liebe Mama!

Sie is koa Unteroffizier,
der ihn im Dreck und auf dö Knia
durch´n Schützengrabn schleift,
koa Feldwebel, der ihn verpfeift,
net „rechts um" schreit oder "habt acht"
und wünscht sie ihm a gute Nacht
woaß er, sie brüllt in da Früah
nie „Tagwache" vor seiner Tür!

Wann d e r koa Frau wia d´Mama findt,
die ihn bedient von vorn bis hint
kann er sich ruhig die Kugel gebn –
er schiasst ja sowieso danebn!

Küchenschlacht in der Kocharena

Fragen mih meine Gäst:Haben Sie
in der Knödelakademie
oder an Mutters Herd dahoam
ihre Kochkünste erworbn –
sag ich, da sans weit entfernt!
Ich hab s´Kochn im Fernsehn glernt.

Na, eigentlich schau ich nur zua,
denn von achte in da Fruah
wird bis weit nach Mitternacht
auf olle Sender aufgekocht,
dass ma glauben kunnt, uns droht
demnächst a grosse Hungersnot.

Falls es a Hausfrau nu net woaß:
Dös is koa Arbeit, nur a Gspoaß.
Da is koa Koch mit Mützn gfragt,
der a Bäucherl vor sich tragt
und muaß beim Zwiebelschneidn flenna.

A Profi aus der Kocharena
flirtet,als wärs a Kartentrick
mit flackernd, verwegnem Blick
und an Piratentuach am Kopf
mit Kamera und Nudeltopf.

Dös bestätigt mein Verdacht,
dass da a Abenteurer kocht,
der demonstriert, dass an den Herd
a Portion Erotik ghört.

Der Aspekt is neu für mih,
weil ich nie drandacht hätt, dass ih
mit meiner alten Bratlpfann
Sinnlichkeit entwickeln kann.

Ih habs natürlich eh net kinna,
denn beim probiern vom Promi-Dinner
haben mih die Kinder nimmer kennt.
S´Gsicht war schwarz, die Haar verbrennt
und die freiwillige Feuerwehr
hat mir empfohln, ich soll nie mehr
wia in der Kochshow was flambiern.

Sowas muaß grad mir passiern,
wo olle Leut, die wichtig san –
oder zumindest nur so tan –
in der Designerküch jongliern
und Palatschinken attackiern,
als wärs ihnen angeborn.

Fußballer, Erfolgsautorn,
Serienstars und Schlagerheini
bratn sich bei mir da eini,
wo ih als Hausfrau endlich lern,
wia die Trüffeln ghobelt wern
und wie man Königsmuscheln isst.

Falls so a Künstler drauf vergisst,
zu dieser Sendezeit schaun nur
Kranke und Arbeitslose zua –
solltens amal im Lotto gwinna,
werdns so Rezepte brauchn kinna.

Ich hab davon nur profitiert,
weil d´Kuchl nimmer dreckig wird
und stellt mir wer die blede Frag,
was´bei uns z´ essn gibt z´Mittag –
sag ich: s´Menü für zwei Personen
aus „Frisch gekocht ist halb gewonnen!

Speisekarte auf österreichisch

A dürrer Turnbatscherltourist,
der streng vegetarisch isst
sitzt im Gasthaus „Wilder Mann"
und schaut die Tageskartn an.

Försterbraten, Bauernschmaus,
Hirtenspieß nach Art vom Haus,
Kinderschnitzel aus an Wiener,
a besoffner Kapuziner
und Kardinalschnitten stehn drauf.

Wia er dös liest, da springt er auf
und schreit: Ich reise ab, noch heute!
Nachdem sie ihre eignen Leute
verspeisen mit Gabel und Messer –
sind Österreicher Menschenfresser!

Apropos Oper

Der Dorfschmied und sei Mariann,
die 25 Jahr glücklich san,
kriagn zum Jubiläumsjahr
als Gschenk von ihrer Kinderschar
damits amal was anders hörn –
an Staatsopernbesuch in Wean.

Da habns vielleicht gschaut, dö zwoa.
Luster, Marmor, Edelstoa,
Plüschsessel, rot und butterweich
und d´Leut in schwarz, wia bei a Leich,
nur zoagn da d´Weiberleit viel mehr
Haut als beim Begräbnis her.
Nur wia eahna da Billeteur
a Textbuach gebn will, sagt da Schmied:
Wir singen da eh net mit!

Spare in der Not....

Is´früher nu mei Hobby gwesn,
vorm Schlafengehn im Sparbuach z´lesn
was ih an Zinsen mir verdien
bis ih wieder munter bin –
leg ih besser nix mehr ein.
Ih will mir nämlich sicher sein,
dass ih mei Geld a wieder kriag,
drum is´mir liaba, wann ih´s siag.

Früher war dös nu net a so.
Ih war a echter Sparefroh,
hab jeden Schein ins Schweinderl gsteckt
und brav auf mei Konto glegt,
im Glauben, dort wird's mir net gstohln
und wann ih´s brauch, kann ih mirs holn.

Heut is mei Schweinderl, wann ih schau,
so wia ih – a arme Sau,
drum heb ih künftig nix mehr auf.
Versteck´s im Polster, leg mih drauf
und wanns mih überfalln im Bett,
ih sag trotzdem – wann ih´s hätt:

Liaba dahoam a Million
als von der Bank an Luftballon!

Klostergeheimnis

Liest der Hochwürden seiner Pfarr
an Hirtenbrief vom Bischof vor,
steht die Sonntagsmess im Dorf
im Zeichen von „Aktion scharf".

Ihr Schäfchen, die ihr sündig seid,
kehrt um zur Tugendhaftigkeit!
Keuschheit ist die höchste Zierde,
des Satans Werk ist die Begierde
und wird bestraft mit Höllenqual,
denn Gottes Aug ist überall.

Da nimmt sogar die Kirchenmaus
reißaus, was da im Gotteshaus
niedergeht wia s´Jüngste G´richt,
bis ihm oana widerspricht:

Herr Pfarrer, dös glaubst selber net,
was in dem Hirtenbrief drinsteht.
Im Pfarrhof is nämlich a Tür,
wo du gsagt hast, geh mit mir,
weil dort Gottes Augn net sand.
Ih war damals die Ministrant.

ORF Bildungsauftrag
(Fernsehn macht gscheit)

Is in der Gsellschaft oft die Red´,
vom viel Fernsehn wird man bled,
sag ih, da täuschn sich die Leut!
Wer viel fernschaut, der wird gscheit.

Daß dös stimmt, merk ih an mir.
Ih sitz um siebne in da Früah
beim Weckerläutn im Pyjama
schon beim Wetterpanorama
und siag, wanns nieselt in Tirol,
ob ih heut vor die Tür gehen soll.

Was ih aber eh net will.
Ih versäum ja sunst so viel
vom Nachtfilm,den sie wiederholn,
wann mir am Vortag d´Augn zuafalln.

Normal schlaf ih da eh net ein.
Da derfst nämlich koa Woasal sein,
sunst haut´s dih trotz Valium
im Fernsehstresslesssessel um.

Drama,Horror,Terror,Thriller –
an jedem Eck lauert a Killer
dass, wann ih zum Kühlschrank schleich,
glaub, jetzt steig ih auf a Leich.

Wann dös die Nerven überstehn,
kannst selber über Leichen gehn.

Dös is nämlich mei größte Sorg
und die vertreibt der Andi Borg
am Samstag in da Stadlzeit.
Dös gfallt net nur junge Leut.
Auch vernachlässigte Frauen,
Graugäns und Silberzwiebeln schaun
und schunkeln zu den Melodien,
wo Spritzkerzl und Berge glühn
und findn s´Glück, dös eahna fehlt.
Drum glaub ih´s net, wann wer erzählt,
dass beim Silbereisen Florian
die Leut an Fernseher abdrahn.

Am Sonntag derf mih koana störn.
Da hilf ih mit, an Mord aufklärn
im Tatort, wo ih tua, als war
ih selber die Frau Komissar
und ih mih einisteigern kann,
dass ih am Montag zu mein Mann,
wann ih d´Wochenschau verkoch,
„hinlegn" schrei und „Hände Hoch"!

Schiassn trau ih mih zwar net,
aber ih hätt, wanns bled hergeht,
dass mih tatsächlich überfalln,
beim Bett a Wasserspritzpistoln.

Am Montag is Millionenshow.
Da bin ih so richtig froh,
dass ih net live beim Armin sitz,
weil ih als Zuhörer scho schwitz
und brauch, hab ih an schlechtn Tag,
drei Joker bei der ersten Frag.

Dort behaupten zwar die Leut,
sie san vom Büachalesn gscheit –
ih hätt bei mein Fernsehstress
gar net Zeit, dass ih was les.

Universum,Dancing Star,
Spielfilme aus USA,
Sturm der Liebe, Bingo, Sport,
die Karlich, Volksanwalt, Schloß Orth,
Vera,Brieflosshow und Kochn,
Liebesgschichtn,Heiratssachn,
Bergdoktor,Pilcher Rosamunde,
Familie Lutz zu jeder Stunde,
Seitenblicke, Hohes Haus,
ih schau ois an, mir kimmt nix aus
und um Mitternacht, da gib
ih mir nu die letzte ZIB

Für was brauchst da nu a Buach,
an Stammtisch oder gar an Bsuach
wannst im ORF ois lernst
und nimmst sein Bildungsauftrag ernst!

Alterdummswert

In an kloan, vertramtn Ort
san Oldtimer auf großer Fahrt.

Hundert Jahr alte Karossn
tuckern auf der Alpenstrassn
über enge Serpentinen
und ihre Lenker sitzn drinnen
wo´s berechtigt wär, zu fragen,
san sie älter oder ihr Wagn.

Sie winken stolz dem Publikum
dös kemma is und rundherum
anerkennend applaudiert.

Nur am Ziel der Hüttenwirt
hat die Raylle net kapiert.
Er steht betroffen auf der Seit´
und jammert: Lauter arme Leut!
Dö müassn sicher furchtbar sparn,
weil´s so alte Auto´s fahrn.

Jugendschutz

Weist der Kalender darauf hin,
dass ih a Jahr älter bin
und dös a Grund zum Feiern wär-
nimm ih den vom Vorjahr her.

Dös kann ih euch empfehln, dös wirkt,
weil a jeder, der schlecht siagt
verwundert fragt: Wia wird sie toa,
sie schaut nu aus wia vorigs Jahr.

Heimat großer Töchter

Habn sich Frauen nie drum gschert
und nur mit halbn Ohr hinghört
wanns bei staatstragenden Feiern
die Bundeshymne obaleiern,
singen sie jetzt mit Euphorie,
weil´s so stolz drauf san, dass sie
endlich auch besungen wern.

Dös lasst sich heut damit erklärn,
dass sie bei Wahln den Ausschlag gebn,
die Männer haushoch überlebn
und ohne sie rein gar nix geht.

Schon alloa aus dem Grund tät
ih allen weiblichen Verwandten,
wia Schwestern, Schwägerinnen, Tanten,
Cousinen, Großmüttern und Nichten
sogar a vierte Strophn dichten.

Dann samma mit den Männern quitt.

Singen´s dann künftig nimma mit,
sing ma alloa, dös is uns gleich.
Im vielgeprüften Österreich,
dös einst nur Heimat großer Söhne,
spucken jetzt die Töchter große Töne!

Frohkost im Einmachglas

Wann mih jemand leiden kann
und bietet mir was Süsses an,
greif ih liaba gar net hin –
süass is, was ih selber bin!
Bei mir wird künftig eingekocht,
ois, was mih noch schärfer macht.

Erdäpfel, Bohnen und Karotten,
Paprika und Chilischoten,
Fenchel, Porree, Karfiol,
Kraut und Ruabn und Chinakohl,
Paradeiser, Kopfsalat,
Knoblauch, Radi und Spinat,
Zuchini, Kürbis und Fisoln,
Pfefferoni, Fenchelknolln,
Sellerie – direkt von der Stang,
Feldgurken und von der Schlang
und Erbsen, wann sie mir versichern,
dass man angsteckt wird, wanns kichern.

Ohne Humor geht's nämlich net
wanns ans Eingemachte geht
in guatn wia in schlechtn Zeitn…..

Und wann ih auch beim Zwiebelschneiden
oder gar beim Reibn vom Kren
in meiner Küch a Gsetzerl flenn –
hinterher hab ih scho glacht
und gmerkt, dass sauer lustig macht.

Fröhliche Wallfahrt

Weil jeder Wellnesspapst verkündet,
wer die Balance der Mitte findet,
wird an Geist und Körper frei –
und unser Pfarrer redt ma ein
dass ih endlich wallfahrn sollt
weil mih sunst da Teufel holt –
tua ih was für mei schwarze Seel –
ih geh nach Mariazell!

Aber der Teufel schlaft ja net.
Er probiert, wo´s netta geht
dass er mih um d´Andacht bringt.

Ih schick, dass eahm dös net gelingt
zum Himmel zwar a Stoßgebet,
bis mir oana, der nebn mir geht
mitn ganzn Gwicht auf d´Zehen tret.

A anderer entschuldigt sich –
er sagt nur: Herr erbarme dich –
und ih hab die Qual der Wahl –
ob ih fluacha oder betn soll!

Die Entscheidung is net schwar,
weil fluacha kann ih dahoam a!

Ih laß die Pilgerschar vorbei
und schwindel mih in d´ letzte Reih
weil ma da mit an schlechtn Fuaß
vielleicht net so viel betn muaß.

A Irrtum, wia sich aussastellt,
weil a Frau nebn mir erzählt,
so a Wallfahrt is koa Gspoaß.
Ihr rennt beim Betn s´Mäul so hoaß –
da brauchts für die drittn Zähnt
 a Doppelpackung Kukident
und um dös Geld is ihr net load,
es geht schließlich um d´Himmelfahrt
und net ums wandern – so schauts aus!
Bet´brav mit – bring mih net draus,
weil da vorn die dumme Gans
kann net amal an Rosnkranz!

Oh Herr, vergib dem bösen Weib
und halts drei Meter von mein Leib!
Solltest du sie in Himmel holn –
mecht ih nimma auffiwolln!

Grad wia mih so der Teufel reit´
in meiner Selbstgefälligkeit
erklingt a Stimm durch d´Himmelstür:

Dös überlaß gefälligst mir!

Laß die Menschen, wie sie sind.
Jeder kriagt, wia er´s verdient
und kemmts euch irgendwann in d´Haar –
 mach sie einfach unsichtbar!

DÖS SICHERT DIR ZUR Erdenzeit
AN FENSTERPLATZ FÜR D´EWIGKEIT!

Einkaufssonntag

War sonntags stets dös große Thema,
was soll d´Familie unternehma,
wo die Kinder gmault haben: Bäh,
wir wolln mit euch net wandern geh,
Uno spieln und Stadt-Land-Fluß
und mit der Oma, 60 plus
in a Ausflugsgasthaus fahrn –
dös ois kann man sich künftig sparn
und ändert d´Stimmung mit oan Schlag:

Der Sonntag wird zum Einkaufstag.

Dann is Schluß mit´n altn Trott,
den a Hausfrauensonntag hat.

Sie braucht nimma Schnitzel bacha,
koan Marmorguglhupf mehr macha
für den Nachmittagskaffee,
und hängt statt´n Kircha geh
an Zettel auf die Eingangstür:
Sind beim shoppen. Niemand hier!

Koane Verwandtschaftsb´suche mehr.
Der Kühlschrank bleibt in Zukunft leer,
denn wann ma sonntagshoppen fahrn,
brauch ma a Wochn Zeit zum sparn.

Die Kinder finden´s richtig geil
und ih bin a begeistert, weil
ih stattn Segn vom lieben Gott
beim Super-Sonntag-Angebot
in mein Kaufrausch ganz vergiß,
dass nächsten Tag scho Montag is.

Frühdemenz

A Nachbarin von nebenan,
stets auf der Suche nach an Mann,
oft enttäuscht und nie gebunden,
hat endlich den Richtign gfundn
der ihr hoch und heilig garantiert,
dass im Sommer gheirat wird.

Sie bestellt ihr Hochzeitskleid
und sagt: Iatzt wird's sche langsam Zeit,
sunst kimmt da Herbst und dann wird's kalt
und auf amal samma alt.

Ja, sagt er, fangt eh scho an,
dass ih mir nix mehr merkn kann.

Kimmt er erst oder woar er scho?

Auslaufmodell

Daß ih als Hörndlbäuerin
mei ganzes Leben lang anghängt bin,
hat mih bis heut net wirklich gstört.
Doch was ma drent von Brüssel hört
macht mih zornig und verdrossn.

Der EU-Rat hat beschlossn,
mei Kuah derf nimma anghängt werdn.
Sie braucht, so sagn die gscheitn Herrn
rund um die Uhr ihrn freien Lauf.
Dann is sie glücklich und guat drauf,
denn auch mei Kuah ist es sich wert!

So hat mir dös d´EU erklärt
und seither is ma nimma kloar –
wer is jetzt s´Rindviech von uns zwoa.

Plaudertaschen

Beim Frauenstammtisch im Cafe
rennt jeden Donnerstag der Schmäh,
dass man´s aussihört auf d´Straßn
wanns d´Sau so richtig aussalassn.

So wia beim Thema letzte Wocha,
dös ausnahmsweis amal net s´kocha
und die Kinderaufzucht woar.
weil oane seufzt: So winzig kloa,
da muaß ma ja dreimal schaun,
hängt da überhaupt was dran.

Die zweite sagt: Dös siagst net oft,
mit so an Exemplar bist gstraft
und die dritte: Klarer Fall,
Ausschussware, zweite Wahl,
verhutzelt, dünn, koa Qualität
die mih vom Hocker grissn hätt.

Ih bin mir sofort im Klarn
dass sie Handtaschlkaufn warn,
aber sie lachn nur – von wegn!
In der Sauna hammas gsegn.

Rauchen verbindet

Wann am Tisch a Schachterl liegt
mit der Aufschrift:Rauchen fügt
ihrem Umfeld Schaden zua,
muaß ih sagn, da lacht a Kuah!

Ih hab dafür an Gegnbeweis.
Mei Freundes-und Bekanntenkreis
kriagt nämlich binnen kurzer Zeit
Kontakt zu lauter nette Leut,
hat sofort Anschluß, is im Nu
mit Gott und der Welt per Du
is immer am letzten Stand
wann a Witz kursiert im Land
und wann ih frag, wia stell ih´s an,
dass ih da a dabeisein kann,
sagn´s zu mir: da gibt's koan Trick.

Kauf dir nur a Packerl Tschick
und wanns drin fad is, gehst wia mia
rauchen – vor die Wirtshaustür.

Wirtschaftsförderungspreisverdächtig

Haben wir in unsren Kinderjahrn
nix anders ghört wia:Fleissig sparn
und nur soviel Geld ausgebn,
daß´ausreicht für a oafachs Lebn,
is dös die falsche Theorie.

Weil nämlich von dem Geld, dös ih
auf der hohen Kantn han,
die Wirtschaft nimma wachsn kann.

Experten nennen dös stagniern
und soll dös tatsächlich passiern,
is unser Wohlstand in Gefahr.

Dös hoaßt, ih muaß dagegn was toa.
Nur wo was wachst, dort geht's bergauf
und dafür nimm ih ois in Kauf
zur Rettung für mei Vaterland.
Sei Schicksal liegt in meiner Hand.

Ih zücht an Wachsblumenstrauß
und reicht die Maßnahme net aus,
stellts mih, damit was weitergeht
ins Wachsfigurenkabinett!

Langes Wochenende

Die Nachbarin vom zweiten Stock
hat wieder an schlechtn Tag.

Es kimmt a langes Wochenend
und olle, die sie im Haus kennt
buchn da an Städteflug
oder an Kurztrip mitn Zug.

Nach Hamburg, Stockholm und Berlin,
nach Barcelona oder Wien,
netta sie, die arme Frau
muaß dahoam durchs Fenster schau.

Ihr Mann sagt: Nimm´s doch net so schwar,
dann verreisen halt wir a
und du kannst dih drauf verlassn,
wir werdn koan Stau haben auf da Straßn,
fahrn ohne Pass und Visum furt,
auch Moskitos san koa durt,
du brauchst koa englisch und vor olln –
habn´s da noch nie wen überfalln….

druckt ihr an Kübel in die Hand
und sagt, wir fahrn ins Erdbeerland.

Das Haubengedicht

Weil man sich viel mehr für d´Hüat
als Kopfbedeckung interessiert
 und kaum wer über Hauben spricht-
widme ich ihr ein Gedicht.

Net Hauben, die Motoren ziern
und Männer liebevoll poliern,
 net solche, die Gourmets vergebn
und Köche in den Himmel hebn,
net Trockenhaubn für Wasserwelln,
die´s beim Friseur auf Heißluft stelln,
und auch um Schlafhaubn geht es net,
oder wo s´Zipfl daunisteht.

Nein, es is die Haubn aus Gold,
die olle locker überholt
und glanzt auf ihrer Trägerin,
dass sich die Huatsammlung der Queen
mit ihrem Deckelsortiment
hinter ihr versteckn kann.

Überall tragt man´s ja net,
denn wer mit ihr ins Kino geht,
muaß rechnen, dass er Ärger kriagt,
weil über sie neamd drübersiagt.

Aber bei an richtign Fest
is´wichtiger wia d´Ehrengäst!
Da glänzt sie durch Anwesenheit
und gibt der guatn, altn Zeit
den Pulsschlag unsrer Gegenwart.

Sie bringt Bewegung in an Ort
und will net nur Aufputz sein!
Ihre Leuchtkraft als Verein
is im Land längst legendär
und macht´s zum Spendenmillionär
mit unerschöpflichen Ideen
für Menschen, die im Schatten stehn.

Sie steht für Herz und Hoamatgfühl,
und was sie uns vermitteln will
in ihrer herrlich goldnen Pracht,
hat d´Welt schon sehr viel reicher gmacht.

Goldhaubn san a Augenweide
und vermitteln Lebensfreude
weil sie erschaffn wordn san,
damit man glänzend feiern kann!

Politische Bildung

In der Bürgerkundestund
geht's in der 1. Haupt so rund
dass ma glaubn kunnt, jetzt und glei
schlagn sie sich d´Schädeln ein.

Will oana redn, kimmt er net weit,
weil ihm der nächste „buh" zuaschreit,
viele hörn überhaupt net zua,
pfeifn und trampln mit dö Schuah,
kemman sich beinah in d´Haar
weil's „Lügner" schrein und „is net wahr",
schiaßn Papierflieger zum Pult,
jeder gibt dem andern schuld
und oana kann, wanns ihn was fragen,
nur „ich bin der Meinung" sagn.

Der Schulwart sagt, wia er dös hört
dass so a Gsindl eingsperrt ghört,
 aber da Lehrer sagt: Lass brülln,
sie toan ja nur Regierung spieln!

Schönheits-OP

Wann dir koa Mann mehr nachepfeift,
die Anti Age Crem nimma greift,
am Doppelkinn a Hexnhaar
aussaschiasst, wo nia oans war,
wann der Busn über d´Nacht
in Richtung Knia a Talfahrt macht
und hintn schena is als vorn –
dann is die Frau a Baustell wordn.

Dös lasst sich heut ois renoviern
und wia a Altbau neu saniern –
die Frag is nur, is sie sich´s wert.

Falls sie zu der Sortn ghört
die sagt, da mach ih liaba dicht
und häng mir olle Haar vors Gsicht,
oane, die´s ihrn Mann vergunnt
und denkt: Der Hund, dös is eahm gsund!
oder oan hat, der eh net schaut,
is um die neue, teure Haut
wann er an Unterschied net kennt –
wirklich schad um jeden Cent.

Sunst muaß a echter Fachmann her,
mit Spachteln geht da gar nix mehr.
Mit Blitzzement und Moltofill
wird auf dem Weg zum Jugendstil

im Pfusch der Schaden nur noch größer.
Im Alter wird nämlich nix besser
weshalb er auch im Angebot
Ersatzteile auf Lager hat:

Vom Autoreifen a Profil
wann wer an größern Busn will,
von dö Nasn a Palettn
für Leut, die gern a schönre hättn,
a Implantat für straffe Wadl
und a Lad´mit Kreissagblattl,
mit denen er ois weggaschneidt,
was runzlig wordn is mit der Zeit.

Ois, was überhängt, muaß weg.
Ohrlapperl und Tränensäck,
Schlupflider,schlaffe Oberarm –
der Chirurg bringt ois in Form
und schaun schiache Hängebäuch
eher Schwimmreifen scho gleich,
dann saugt er überflüssigs Fett
mitn Vorwerk weg, dass schneller geht.

Er brauchts net fragen, wias ausschaun mag,
denn sie wählt meist im Katalog
zwischen Schiffer Claudia,
Klum Heidi und Miss Austria.

Nach der Figurreparatur
passt leider s´Gsicht nimma dazua
und dös kannst glei mitbestelln!

Geh aber bloß net zu an Gselln –
Liftig fallt unter Handwerkskunst
und dass a Lehrbua ois verhunzt
merkst, wann bei dö Ohren hint
beim Frühstück der Kaffee ausrinnt
und wannst auf Schlauchbootlippen fliagst,
stattdem an Antenschnabel kriagst.

Wer jünger ausschaun will und schena
muaß dafür natürlich brenna,
dafür schaust nachher aus wia neich
und es kost´dih im Vergleich
net mehr, als a alts Auto kost,
wo´st jeds Jahr s´Pickerl machn lasst.

Lachn derfst geliftet net,
weil womöglich d´Naht aufgeht,
aber dös vergeht dir eh,
wannst starr bist wia a Mumie.

Dös kinnan nach wie vor die Echten
die nie im Leben so ausschaun mechtn
und daher über Frauen lachn,
die aus der NOT a JUGEND machen!

Letzte Hoffnung

Frühling! Was für Zauberwort!
Die Frauen denken da sofort
an neue Kleider, Schuach und Taschn,
die Männer nur ans Autowaschn
und solche, die sich nu erinnern,
daß seine Kräfte zaubern kinnan
sitzn mitn Hörgerät im Garten,
wo´s auf den zweiten Frühling warten.
Geht er unerwartet umma,
hoffens auf an hoaßn Summa.

Unschuldsvermutung

A gscheiter, angesehener Mann
mit Charakter, der was kann,
für den a Handschlag noch was gilt,
der nie mit falschen Karten spielt,
sich nie vergreift an fremden Ladln
oder gar an Zimmermadln,
sympathisch wirkt am ersten Blick –
wechselt in die Politik,
macht a steile Karrier(e)
und plötzlich grüaßt ihn koana mehr.

Und stimmt nur d´Hälfte, was ih hör
über an Politiker,
wundert mih dös nimmermehr.

Spritzkruagliteraturquelle

Wann ih hör, wia oft Poeten
um ihre Eingebungen beten,
sich guate Tröpferl inhaliern,
sich einrauchen zum inspiriern,
über ihren Versen schwitzn,
mitn Bleistift aufm Häusl sitzn
und s´Papier bleibt trotzdem leer –
fallt m i r jetzt mehr ein als vorher.

Fehlt mir nämlich a Stoff zum Thema,
brauch ih nur mein Spritzkruag nehma
und kann bereits mit a paar Strahln
die Fantasie zum Tanzn holn.

Bin ih amal net guat drauf,
füll ih ih´n mit FrUstschutz auf,
aber der Großteil Flüssigkeit
besteht aus reiner Lebensfreud.

Ihr Kraftstoff bringt tagaus, tagein
verborgnen Wortschatz zum gedeihn,
wann ma Fröhlichkeit besitzt,
und wird sie regelmässig gspritzt –
dreimal täglich und net zweng –
is´a beglückendes Geschenk,
dös man für a reiches Lebn
mitkriagt hat zum weitergebn.

Ich wünsch dir Flügel ...
Für meine Tochter Katrin zur Hochzeit

Als ich dich unterm Herz getragen
hab ich beim Himmel schon bestellt,
die Wünsche mögen Flügel schlagen
für alles Glück auf dieser Welt.

Flügel, um ans Licht zu streben,
höher, als du träumen kannst,
voll Freude, daß dein junges Leben
mit den Schmetterlingen tanzt.

Glück auf deinen Fußabdrücken,
die die Spurn des Lebens ziehn
und Selbstvertrauen, hoch wie Brücken
wenn die Sonnenstrahln entfliehn

Liebe, endlos wie die Wellen
die das Meer ans Ufer trägt
und die dich schöpfen läßt aus Quellen,
solang dein Herz auf Erden schlägt.

All das, mein Kind, wünsch ich dir heute,
wo ich mich freue und nicht wein´,
denn bei dem Mann an deiner Seite
wirst du in guten Händen sein.

A Handvoll Hoamat

A Handvoll Hoamat nimm ih mit,
da trag ih gar net schwar,
wann ih dahoam bei meiner Tür
an Schlüssel umidrah.

Da is mei kloane Welt verpackt
und wirkt wia a Arznei
gegn ois, was draußen in da Fremd
so fremd wirkt und so neu.

An Öpfibam, der nebn an Haus
für mih an Schattn wirft,
die Sunn, die nachm Feierabnd
hinter ihr Bergerl schliaft.

An See, der seine silbern Welln
mit Diamantn bsetzt
und ois, wann ma woanders war,
erst wieder siagt und schätzt.

Dös pack ih in mein Koffer ein,
damit ih nia vergiß,
dass überall auf unsrer Welt
a Handvoll Hoamat is.

Willkommen im Leben
Meiner Enkelin Magdalena gewidmet

Willkommen im Lebn
es wart scho auf dih
und halt seine Wunder bereit.
Die Wunder der Welt, die tagaus und tagein
drauf wartn, die Augn und das Herz zu erfreun,
sie gebn dir auf deinem Weg das Geleit.

Die buntesten Bleamal
blüahn olle für dih,
der Mond und die Stern stehn Spalier,
die Sunn, die dir lacht, die dih weckt ausn Tram,
die tanzenden Falter, die blüahradn Bam,
sie lehren dih staunen und freun sich mit dir.

Willkommen im Lebn
dös´guat mit dir moant,
da is wer und der hat dih gern.
A Hand, die dih halt und dös himmlische Gfühl,
da derf ich dahoam sei, wann immer ich will,
is dir in die Wiagn glegt, um glücklich zu werdn.

A Liadl, dös von Herzn kimmt,

A Liadl, dös von Herzn kimmt
is wia a Sonnenstrahl,
es findt an Weg von mir zu dir,
baut Bruckn übers Tal.
Es fühlt sö wia a Sommermorgn
so hell an und so warm
und klingt nu draußn in da Welt
a bisserl wia dahoam.

A Liadl bringt a Liacht ins Leben,
wanns nu so finster war,
da Stoa, der dir am Herzn liegt
is glei nur halb so schwar.
dös brauch ich, dass ich glücklich bin
für d´Ruah und d´Harmonie
und dös ih singa kann, wann mir
die Worte fehln für dih.

und ab jetzt Weihnachtliches . . .

Schau ins Liacht

Schau ins Liacht, stell da vor
dass da Herrgott dös woar
der im Krippal aufm Stroh
kloa und armselig liegt da.
Daß er nix anders is
wia a Mensch, so wia mia,
stell dir vor, wia groß
und unfassbar dös woar.

Wird zum Kind, dass ma glaubn
und koan Zweifel mehr habn,
dass er uns erbitten will,
was an Sinn hat, a Ziel.
S´geht ums teiln und vertragn
und um´s Gernhabn im Leben
ohne Gottesliab
hätt´s Bethlehem nia gebn.

Wunschzettel für zwei

Die schönsten und die besten Dinge
die uns verzaubern und berührn,
kann man net mit Geld erkaufen,
man muaß sie mit dem Herzen spürn.
Sie zähln zu den größten Schätzen,
sie machen unser Leben reich
und solln mit den besten Wünschen
in Erfüllung gehen für Euch.

Der HUMOR, wann ma von Herzen
über sich selber lachn kann,
auch wann s´Glück amal an Sprung kriagt
und fahrt mit Euch Achterbahn.

FRIEDE, als Herberge der Seele,
der schweigend mit der Welt versöhnt,
dass Ihr auch bei bewölktem Himmel
nach den Sternen greifen könnt.

FROHSINN, den Alltag bunt zu kleiden,
um mit der Sonn um d´Wett´zu strahln
und net die Zeit mit Leut vergeuden,
die ständig d´Welt verbessern wolln.

ZWEISAMKEIT, die s´Glück verdoppelt,
wanns in der gleichen Tonart spielt
und das Talent, alloa sei z´kinna,
ohne dass man sich einsam fühlt.

Und noch ein Wunsch soll Euch begleiten.
Die ZUVERSICHT, dass auf dem Blatt,
dös Ihr beschreibt, auf allen Seitn
dös letzte Wort die LIEBE hat.

Wenn der Himmel ruft

Wenn der Himmel ruft, in uns zu hören,
an die Herzen pocht, gleich einem Tor,
jeder Hoffnung Keim, nach bessren Tagen
stärkt die Sehnsucht, so wie nie zuvor.

Wie ein Kind,
aufbricht zu den ersten Schritten,
wie das Korn,
nährt seinen Samen im Tau,
sucht das Herz
ewig
und immerdar
Frieden und Liebe.

Friede, der die Welt verbindet
grenzenlos, frei,
Liebe, fern von Absicht und Gewinn,
all dies geht uns durch den Sinn,
bahnt den Weg zur Weihnacht hin.

Weihnacht, die den Zauber birgt,
den Himmel zu spürn,
in nur einer Nacht das Paradies zu berührn,
bald wird der Traum wieder wahr,
wie wunderbar.

Flugreise nach Bethlehem

Zwoa kloane Stern am Himmelszelt
erfahrn, dass druntn für die Welt
oana als Komet gsuacht wird,
der die Menschen zum Erlöser führt.

Da meld ma uns! Sagn olle zwoa,
wo wir eh Millionen Jahr
ollwei am gleichn Fleck routiern,
kann uns nix besseres passiern.

Wir gehen zum Casting, glei sofort
Sunst san die Großen vor uns dort
wia halt ollwei – und ausserdem
segn ma amal Bethlehem.

Sie kennen sich a Ewigkeit.
Der oana gschaftig, tuat recht gscheit,
da andre unscheinbar und blaß,
der nix wagt ohne wia und was.

Dösmal woaß er, was er will.
Er hat zum ersten Mal a Ziel
und sie schiassn wia d´Raketn
vorbei bei sämtlichen Planeten,
wo sie sich a um koan Vorrang schern,
wia´s d´Milchstraßn überquern,

doch wia da erste voller Schneid
schreit: Iatzt hamma nimma weit
bis zum Auswahlkomitee –
bleibt der Blasse plötzlich steh
und sagt: Ih geh doch net mit.

Wann mir bei an falschn Tritt
womöglich a Trumm weggabricht
oder ih kriag s´Übergwicht,
finden´s s´Jesukindl nie
und die ganze Schuld hab ih
oder wann ih mih verirr –
wer geht dann wieder hoam mit mir?

Geh, sagt der andre unbeschwert,
nu nia was von an Navi ghört?
W o allerdings die Erde steht,
um die´s da geht, dös woaß ihn et.

Ih schätz, dass nur a Punkterl is,
net größer wia a Fliagnschiss,
dös net so wia mia leuchtn kann,
sunst hätt ma scho was ghört davon!

Er marschiert mit Euphorie
zur kometischen Jury
und wia der Blasse fragt, wias war,
sagt er strahlend: Alles klar!

Sie habn gsagt: Sei uns net bös,
aber für Stern in unsrer Größ
hättens leider koan Bedarf.
Allerdings – hinten am Schwoaf
wärs ganz nett, wann da Komet
zusätzlich a Beleuchtung hätt –
da könnts euch ihr zwoa auffisitzn
und ihn kräftig unterstützn.

Und genauso habn sie´s gmacht
und hat jetzt mancher sich gedacht,
die Gschicht is vielleicht gar net wahr –
s i e macht uns Menschen eines klar:

Hör nie auf, an dich zu glaubn,
bleib dran und lebe deinen Traum,
geh auf Kompromisse ein
und dein Herz wird offen sein
um große Wunder zu erlebn!
Wia die zwoa Stern in Bethlehem.

Die irdische Erleuchtung

Es war a Nacht, wia olle warn
bevor uns Gott als Kind geborn.
Da Stall is nur a Unterstand,
koa Fenster, nur a Bretterwand,
wo s´Viech nebneinandersteht
und schert sich um den andern net –
bis der Komet in d´Hüttn strahlt,
wia d´Feuersbrunst vom Himmel fallt
und macht die Nacht mit einem Schlag
hundertmal liachta als der Tag.

Der Ochs, den n i x erschüttern kann,
der eh nia zammkimmt mitn Schau´n
reißt d´Augn auf – springt in die Höh,
bleibt vorm verdutztn Esel stehn
und brummt: Wow! wia du dreckig bist!
Dös ganze Fell is voller Mist
und verpickt von unt bis obn!
Du kannst dih nu nia gwaschn haben.

Der Esel woaß net, wia eahm gschiacht.
Eahm is ganz schwindlig von dem Liacht –
Dös oanzig, was er sagn kann
is: Schau di liaba selber an!

Die Lockerl zwischen deine Hörndl
San voller Klettn, Heu und Dörndl –

D i e habn nu nia a Bürstn gsegn!
Zu dir werd ih mih nimma legn!

Der Ochs sagt nimma Muh und Mäh.
Er hat zwar a dickes Fell
aber dass er sich kampeln soll
hört er heut zum ersten Mal.

Vielleicht wär's eh net so verkehrt…
weil ois, was er h e u t siagt und hört
is net wia sunst im Stall herint.

A Stern am Dach – der Esel spinnt,
wia reines Gold schimmert die Strah
als ob er nu nia draufglegn war
und sche langsam kimmt eahm vor –
er passt wirklich net dazua.

Der Esel, der dösselbe denkt
kniat, schuldbewusst sein Kopf gesenkt
vorm erstaunten Ochsn nieder
und flüstert: Ih sag's nie mehr wieder!

Es is wohl an der Liachtn glegn,
sunst hätt ih eh dein Dreck nia gsegn.

Paßt, sagt der Ochs, und überhaupt
hätt ih dir´s sowieso net glaubt.

Der Stern is zfrieden mit dem Bild.
Er hat sei Mission erfüllt:

Daß oft erst was Bedeutung kriagt
wann man´s im Licht der Weihnacht siagt –
dass dös Verständnis f ü r einand
nix zum tuan hat mitn Verstand
und dass der Frieden Tag für Tag
net Hymnen braucht und Staatsvertrag.

Weder heut noch dazumal –
und wanns zu Bethlehem im Stall
der Esel und der Ochs zammbringen –
kunnts doch u n s Menschen auch gelingen.

Himmels-Chorkonzert

Bei dö Engerl brennt da Huat.
Sie haben fürn Auftritt zur Geburt
ollwei nu koa Liadl gfundn,
dös sie an Kindl singan druntn.

Der Petrus sagt: I h halt mih draus.
Machts euch dös mitn Blasius aus,
m i h geht dös überhaupt nix an.

Ih hab eahm vor neun Monat scho
von der unglaublichen Gschicht
mitn Engel Gabriel bericht,
dass auf der Welt – mehr woaß ih net –
unsa Chor an Auftritt hätt.

I h hab, drum merk ih mir net ois,
als Türsteher scho gnuag am Hals.

Der Chorverbands-Chef Blasius,
der grad mit´n Hironymus
auf seiner Lieblingswolkn sitzt,
hat nämlich den Termin verschwitzt,
er stöhnt: Sakra, excelsis, oh herrje!
spreizt seine Flügel, schiasst in d´Höh
so heftig, dass sei Lichtgestalt
beinah aus olle Wolkn fallt,

rammt im Flug den Großen Wagn
schreit: Ih muaß a Prob einsagn
und hört im Saal scho von da Weitn,
wia sie diskutiern und streitn.

Die alten, vormals Kardinäle,
mechtn nämlich, dass Choräle
und Kantaten gsunga werdn,
dös passat zur Geburt des Herrn.

Worauf der Engel Kajetan
sagt, dös ghört in Vatikan
und wär zu trostlos für a Kind.

Der Engel Damianus findt
gregorianische Gesänge
wärn würdevoll für so Empfänge
und oana mit blond-gmeschte Haar,
der d´Stimm net haltn kann, moant goar
a Liad vom Hansi aus Tirol
passat besser in an Stall.

Die Aufregung is riesengroß,
weil in der letzten Reih a Bass
sagt: Ihr müassts mih a versteh,
dass mir s´Hosanna in der Höh
scho langsam aussahängt zum Hals.
Dös sing ih nimma. Keinesfalls.

Der Blasius, dös lasst sich denka,
is gnervt, lasst beide Flügel hänga
und mecht sich von dem Schock erholn.

Da tuat sich mit an Donnergrolln
plötzlich der ganze Himmel auf.
Dös größte Wunder nimmt sein Lauf,
d´Stern fangen s´wandern an und blitzn
und wo er a hinschaut, sitzn
Éngerl und die ganze Schar
frohlockt: Excelsis Gloria!

Und genau dös hat sich unser Chor
von der großen Engelschar
auch heuer wieder obagschaut:

An Klang, der himmlisch und vertraut,
wo´s warm ums Herz wird, mitzugebn.
Wia beim Konzert in Bethlehem.

Ja Himmel, wia soll denn dös geh?

Ja Himmel, wia soll denn dös geh,
da Ochs derf beim Kripperl dort steh?
Da Esl danebn, der nix kann wia dumm schau´n,
wo koans von dö zwoa net bis drei zähln kann,
so wenig wia dö Schaferl, dö Kuah,
ja lasst denn Gottvater dös zua!

Im Leben, ob da oder durt,
is jeder für irgendwas guat.
Da kimmts net drauf an, dass ma gscheit is und sche,
viel wichtiger is, es muaß warm daunageh!
Drum hat in der Heilign Nacht
dös Kindl koan Unterschiad gmacht!

Himmelspost auf Erdenreise

3. Auflage 2012
144 Seiten
ISBN 978-3-902814-07-4

www.bayerverlag.at

Im Schreibergarten
96 Seiten • ISBN 978-3-902488-78-7

Willst anderen Menschen Freude machen
oder brauchst selber was zum Lachen,
lies, worauf willst du noch warten –
aus meinem Buch „IM SCHREIBERGARTEN"!

Aus dem Inhalt: Die Feuerwehr – Pisa Opfer –
Das Leben ist Sport – Gedächtnisbrücke – Schuh
for you … WEIHNACHTEN: Konzert in
Bethlehem …

Angelikatessen
96 Seiten

Möchten Sie einen Begleiter, der
Ihnen hilft, vergnügt und heiter
die Alltagssorgen zu vergessen –
lesen Sie ANGELIKATESSEN

Aus dem Inhalt: Am Rande der Wahrheit –
Urlaub im All – Dinner for one –
Zauber der Musik – Herz ist Trumpf –
Die Kalenderzeit – Mama …

Sternzeichen für Lachdenker
Himmlisch & Bodenständig

112 Seiten

Eine amüsante Version über die 12
Tierkreiszeichen und 36 Lachdenker-
gedichte für den fröhlichen Alltag.
Aus dem Inhalt:
Spaziergang mal zwei – Reich, reicher,
Österreich – Bastelstund in Bethlehem …

Mich können Sie:
buchen: Lesungen und Moderation
besuchen: Gedichte für Lachdenker,
Mitte Juli bis Ende August, jeden Montag, 20 h,
daheim auf dem Feldbauernhof, Steinbach am Attersee
verschenken: als Geburtstagsüberraschung

Angelika Fürthauer
4853 Steinbach am Attersee, Feld 6
Tel und Fax: 0763 20085, Mobil 0664 5510 486
Email: angelika.fuerthauer@salzkammergut.at
www.lachdenker.at